Impressum
Verlag: BABADADA GmbH, Nedderfeld 112 , 22529 Hamburg
Geschäftsführer / Verlagsleitung: Harald Hof
Druck: Books on Demand GmbH, In de Tarpen 42, 22848 Norderstedt

Imprint
Publisher: BABADADA GmbH, Nedderfeld 112 , 22529 Hamburg, Germany
Managing Director / Publishing direction: Harald Hof
Print: Books on Demand GmbH, In de Tarpen 42, 22848 Norderstedt

學校

skole

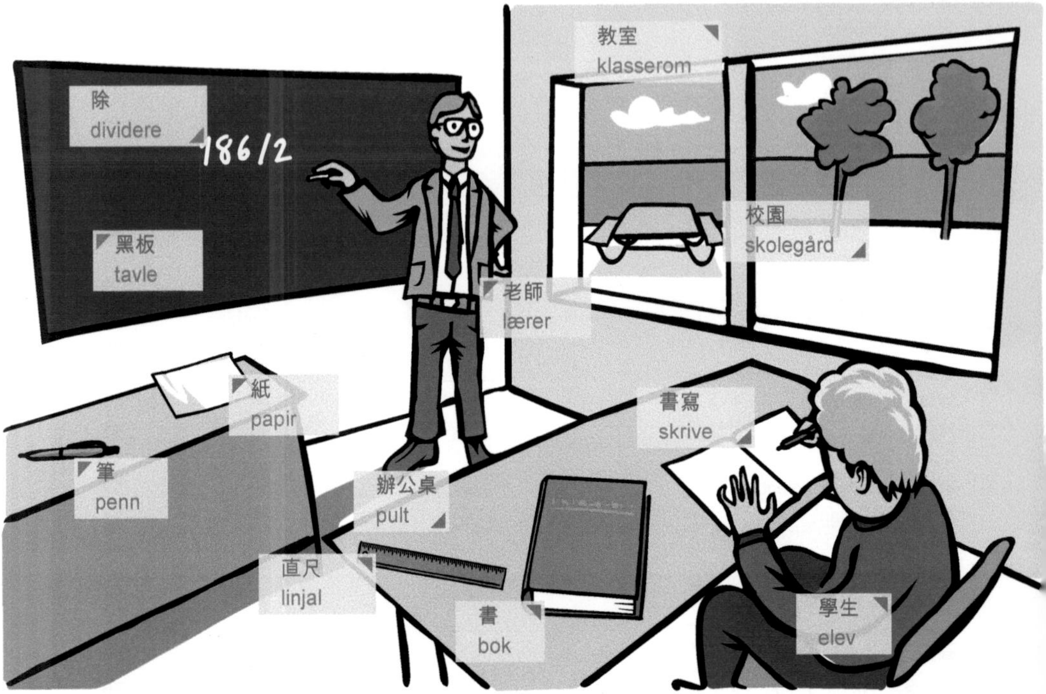
教室
klasserom
除
dividere
186/2
黑板
tavle
校園
skolegård
老師
lærer
紙
papir
書寫
skrive
筆
penn
辦公桌
pult
直尺
linjal
書
bok
學生
elev

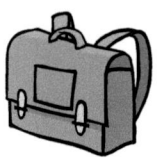

書包
ransel

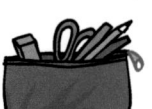

鉛筆盒
penal

鉛筆
blyant

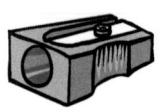

削鉛筆機
blyantspisser

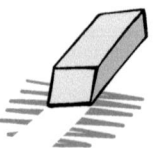

橡皮擦
viskelær

畫板
tegneblokk

圖畫
tegning

畫筆
pensel

顏料盒
malerskrin

剪刀
saks

膠水
lim

練習冊
arbeidsbok

家庭作業
lekse

數字
tall

加
addere

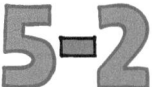

減
subtrahere

乘
multiplisere

計算
regne

字母
bokstav

字母表
alfabet

字
ord

學校 - skole

課文

tekst

讀

lese

粉筆

kritt

上課

skoletime

登記

klassebok

考試

eksamen

證書

vitnemål

校服

skoleuniform

教育

utdannelse

百科全書

leksikon

大學

universitet

顯微鏡

mikroskop

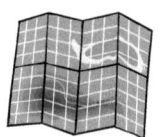

地圖

kart

廢紙簍

papirkurv

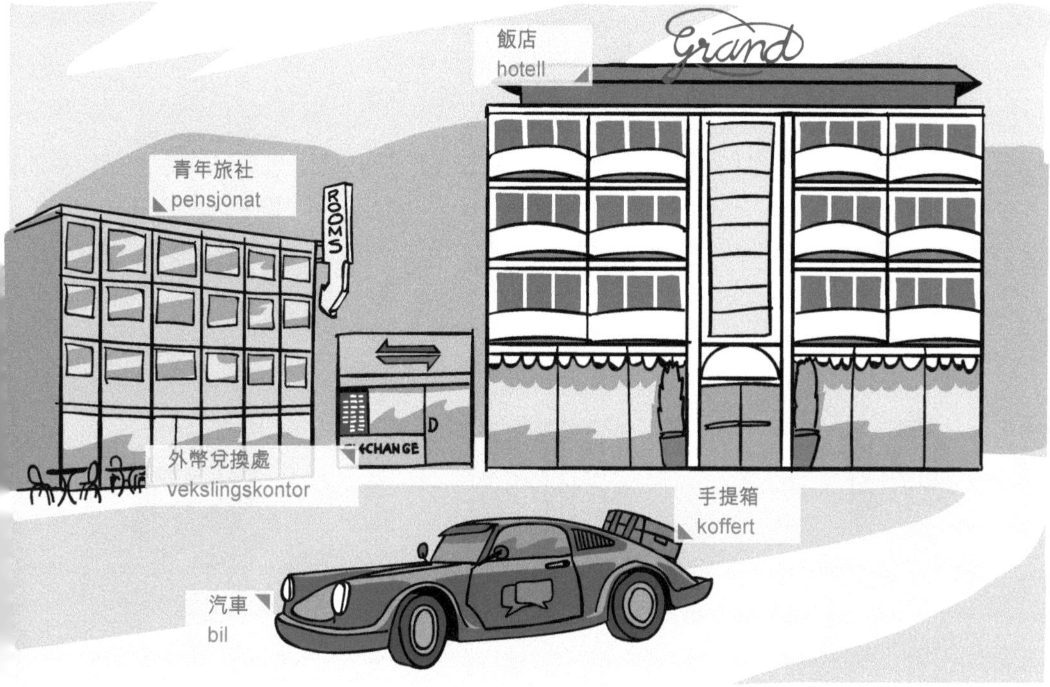

飯店
hotell
Grand
青年旅社
pensjonat
ROOMS
外幣兌換處
vekslingskontor
CHANGE
手提箱
koffert
汽車
bil

語言

språk

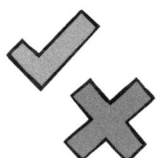

是/否

ja / nei

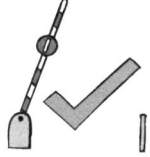

好的

okay

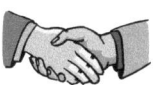

您好

Hei

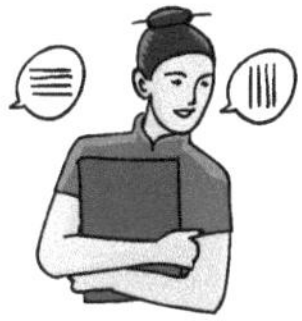

翻譯人員

tolk

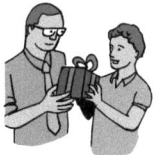

謝謝

takk skal du ha

……多少錢？

Hva koster...?

我不明白

Jeg forstår ikke

問題

problem

晚上好！

God kveld!

早上好！

God morgen!

晚安！

God natt!

再見

ha det bra

方向

retning

行李

bagasje

包

veske

背包

ryggsekk

客人

gjest

房間

rom

睡袋

sovepose

帳篷

telt

旅行資訊
turistinformasjon

海灘
strand

信用卡
kredittkort

早餐
frokost

午餐
lunsj

晚餐
middag

票
billett

電梯
heis

郵票
stempel

邊界
grense

海關
toll

大使館
ambassade

簽證
visum

護照
pass

旅行 - reise

交通運送

transport

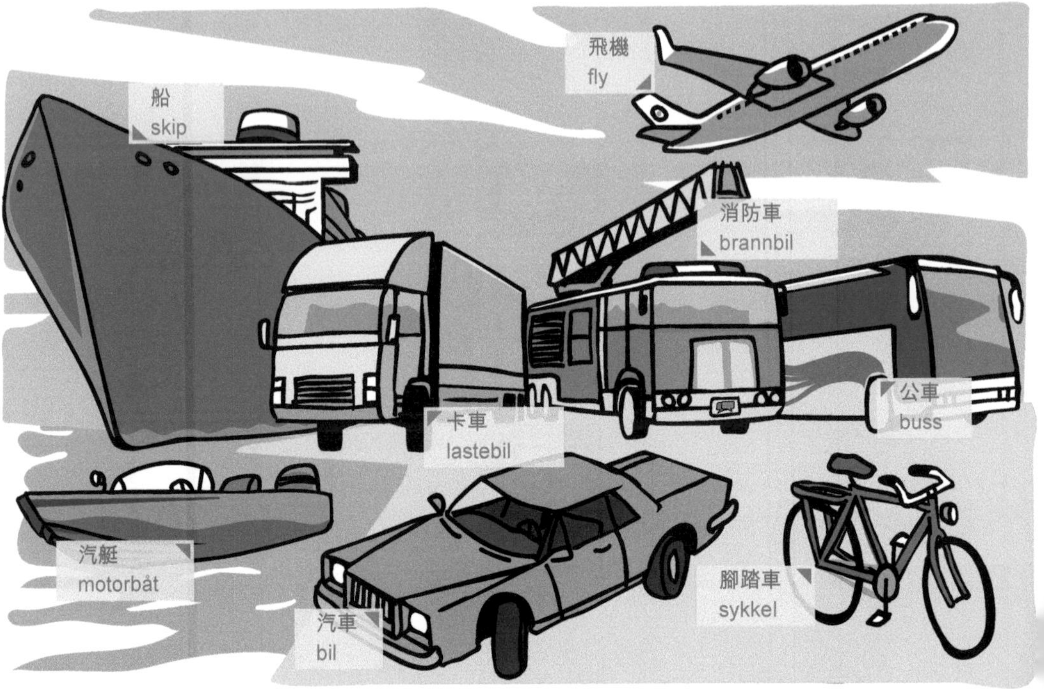

飛機
fly
船
skip
消防車
brannbil
公車
buss
卡車
lastebil
汽艇
motorbåt
腳踏車
sykkel
汽車
bil

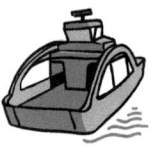

渡輪

ferge

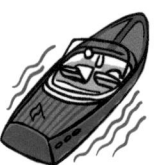

小船

båt

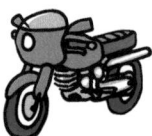

機車

motorsykkel

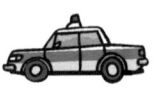

警車

politibil

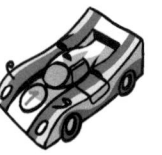

賽車

racerbil

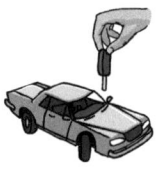

租車

leiebil

拼車

bilkollektiv

拖車

bergingsbil

垃圾車

søppelbil

馬達

motor

汽油

brennstoff

加油站

bensinstasjon

交通標識

trafikkskilt

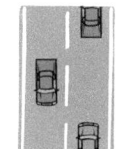

交通

trafikk

交通堵塞

trafikkork

停車場

parkeringsplass

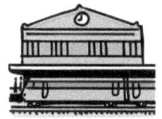

火車站

togstasjon

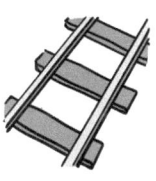

軌道

skinne

火車

tog

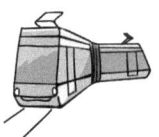

路面電車

trikk

客車廂

vogn

直升機

helikopter

機場

flyplass

塔

tårn

乘客

passasjer

集裝箱

konteiner

紙板箱

kartong

手推車

tralle

籃子

kurv

起飛/降落

starte / lande

城市

by

村莊

landsby

市中心

sentrum

房子

hus

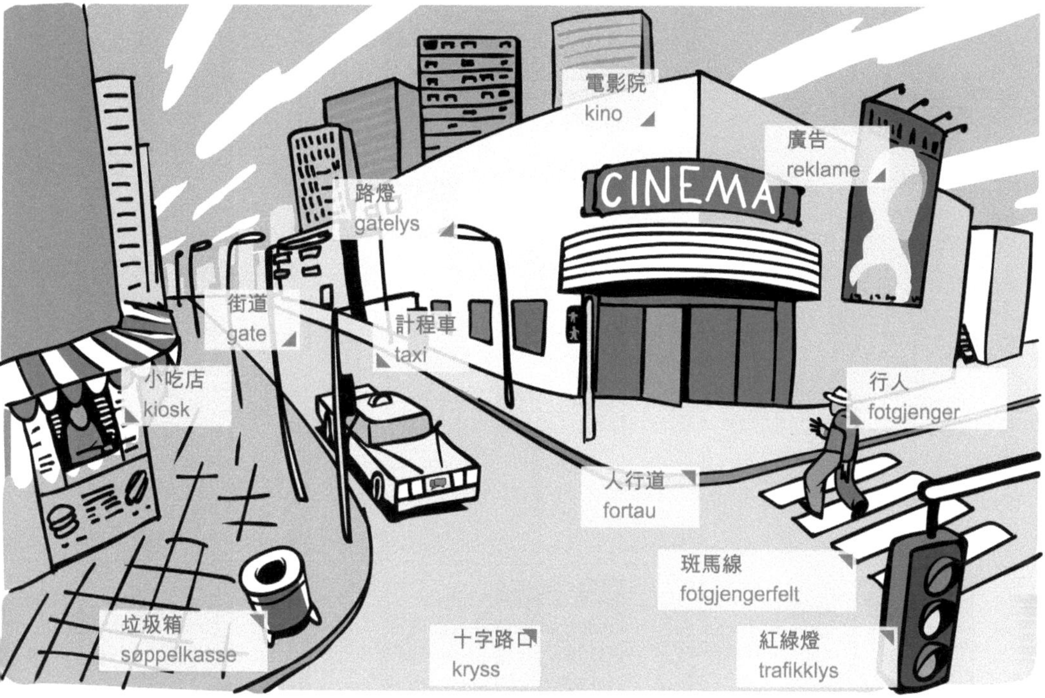
電影院
kino
廣告
reklame
CINEMA
路燈
gatelys
街道
gate
計程車
taxi
小吃店
kiosk
行人
fotgjenger
人行道
fortau
斑馬線
fotgjengerfelt
垃圾箱
søppelkasse
十字路口
kryss
紅綠燈
trafikklys

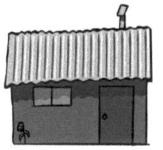

小屋

hytte

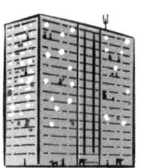

公寓

leilighet

火車站

togstasjon

市政廳

rådhus

MUSEUM

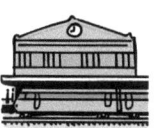

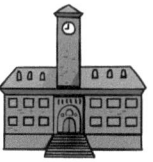

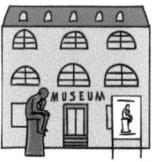

博物館

museum

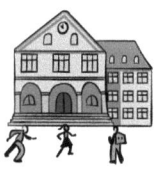

學校

skole

大學

universitet

銀行

bank

醫院

sykehus

飯店

hotell

藥房

apotek

辦公室

kontor

書店

bokhandel

商店

butikk

花店

blomsterbutikk

超市

matbutikk

市場

marked

百貨商店

varehus

魚店

fiskehandler

購物中心

kjøpesenter

海港

havn

公園

park

長凳

benk

橋

bro

樓梯

trapp

捷運

t-bane

隧道

tunnel

公車站

busstopp

酒吧

bar

餐館

restaurant

郵筒

postkasse

路標

gateskilt

停車計時器

parkometer

動物園

dyrehage

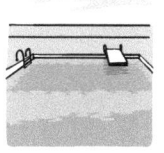

游泳池

svømmebasseng

清真寺

moské

農場

bondegård

污染

miljøforurensing

墓地

kirkegård

教堂

kirke

操場

lekeplass

寺廟

tempel

地形

landskap

樹葉
blad

指示牌
veiviser

路
vei

草地
eng

石頭
stein

徒步旅行
者
turgåer

樹
tre

河
elv

草
gress

花
blomst

峽谷

dal

丘陵

fjell

湖

innsjø

森林

skog

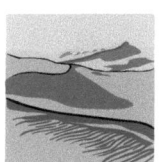

沙漠

ørken

火山

vulkan

城堡

slott

彩虹

regnbue

蘑菇

sopp

棕櫚樹

palmetre

蚊子

mygg

蒼蠅

flue

螞蟻

maur

蜜蜂

bie

蜘蛛

edderkopp

甲蟲

bille

青蛙

frosk

松鼠

ekorn

刺蝟

piggsvin

野兔

hare

貓頭鷹

ugle

鳥

fugl

天鵝

svane

野豬

villsvin

鹿

hjort

麋鹿

elg

水壩

demning

風力發電機

vindturbin

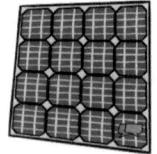

太陽能電池板

solcellepanel

氣候

klima

餐館

restaurant

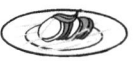

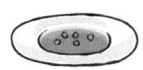

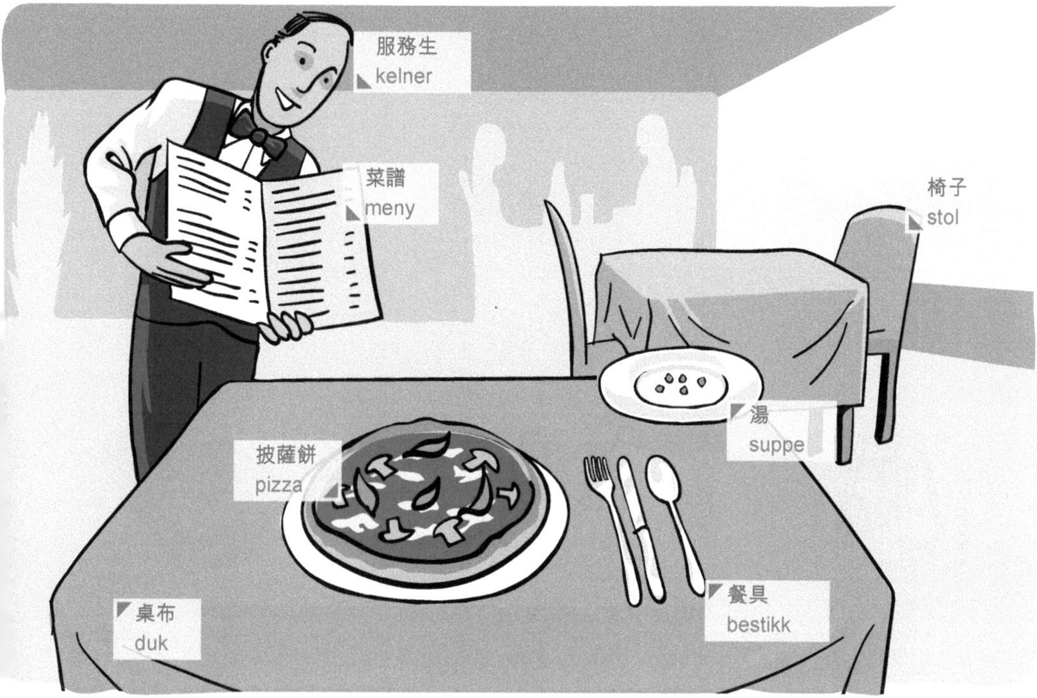
服務生
kelner
菜譜
meny
椅子
stol
湯
suppe
披薩餅
pizza
餐具
bestikk
桌布
duk

前菜

forrett

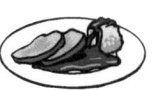

主菜

hovedrett

甜點

dessert

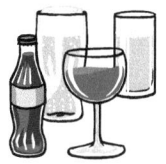

飲料

drikkevarer

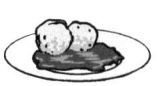

食物

mat

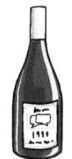

瓶子

flaske

速食
hurtigmat

街邊小吃
gatemat

茶壺
tekanne

糖盒
sukkerskål

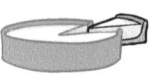

一份飯菜
porsjon

義式咖啡機
espressomaskin

高腳椅
barnestol

帳單
regning

托盤
brett

刀
kniv

餐叉
gaffel

勺子
skje

茶匙
teskje

餐巾
serviett

玻璃杯
glass

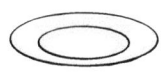

碟子

tallerken

湯盤

suppetallerken

碟子

skål

醬

saus

鹽瓶

saltbøsse

胡椒研磨罐

pepperkvern

醋

eddik

食用油

olje

調味料

krydder

番茄醬

ketchup

芥末

sennep

美乃滋

majones

超市

matbutikk

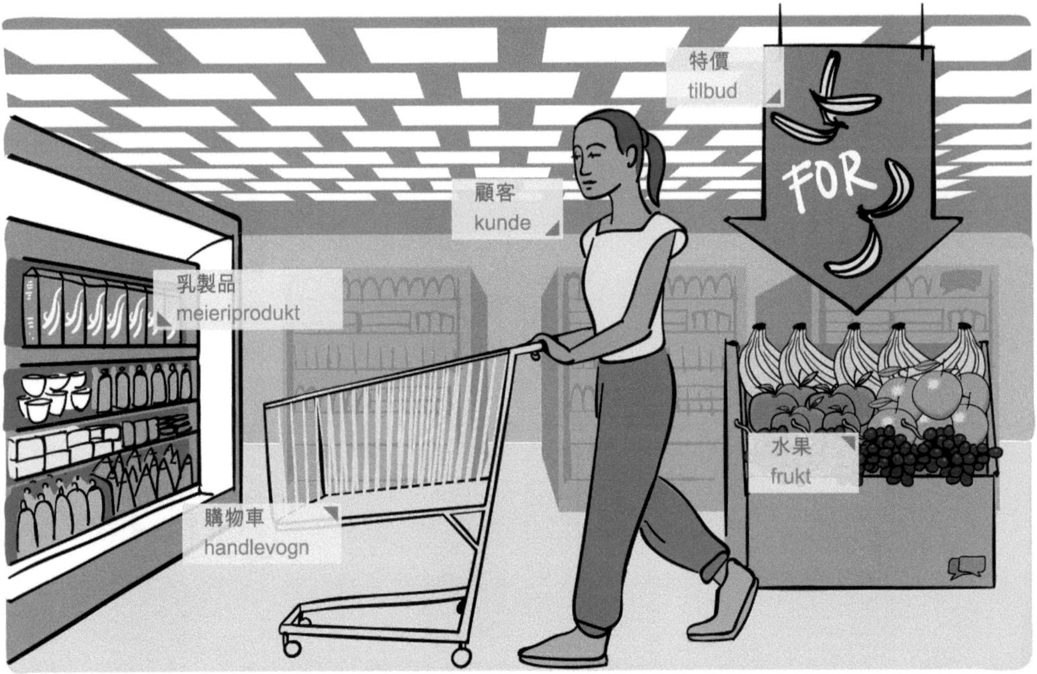

特價
tilbud
FOR
顧客
kunde
乳製品
meieriprodukt
水果
frukt
購物車
handlevogn

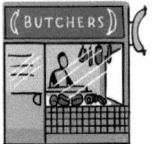

BUTCHERS

肉鋪

slakter

BAKERY

麵包店

bakeri

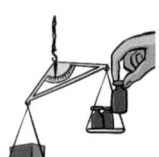

稱重

veie

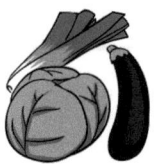

蔬菜

grønnsaker

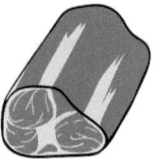

肉

kjøtt

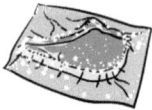

冷凍食品

frysevarer

冷盤

oppskåret pålegg

罐頭食品

hermetikk

洗衣粉

vaskepulver

甜食

godteri

日用品

husholdningsprodukter

清潔用品

rengjøringsmidler

銷售員

butikkmedarbeider

收銀機

kassaapparat

收銀員

kasserer

購物清單

handleliste

開放時間

åpningstider

錢包

lommebok

信用卡

kredittkort

袋子

veske

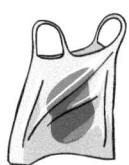

塑膠袋

plastpose

水

vann

果汁

juice

牛奶

melk

可樂

cola

紅酒

vin

啤酒

øl

酒

alkohol

可可

kakao

茶

te

咖啡

kaffe

義式濃縮咖啡

espresso

卡布奇諾

cappuccino

香蕉

banan

蘋果

eple

柳丁

appelsin

西瓜

melon

檸檬

sitron

胡蘿蔔

gulrot

大蒜

hvitløk

竹子

bambus

洋蔥

løk

蘑菇

sopp

堅果

nøtter

麵條

nudler

義大利麵

spagetti

米飯

ris

沙拉

salat

薯條

pommes frites

炸馬鈴薯

stekte poteter

披薩餅

pizza

漢堡

hamburger

三明治

sandwich

炸豬排

biff

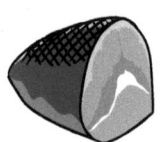

火腿

skinke

義大利臘腸

salami

香腸

pølse

雞肉

kylling

烤肉

stek

魚

fisk

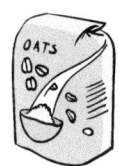

燕麥片

havregryn

木斯里

müsli

玉米片

cornflakes

麵粉

mel

牛角麵包

croissant

麵包捲

rundstykke

麵包

brød

吐司

ristet brød

餅乾

kjeks

奶油

smør

凝乳

kvarg

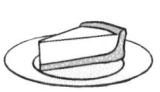

蛋糕

kake

蛋

egg

煎蛋

speilegg

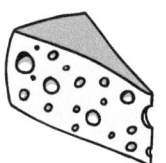

起司

ost

冰淇淋
iskrem

糖
sukker

蜂蜜
honning

果醬
syltetøy

巧克力醬
sjokoladepålegg

咖哩
karri

農場

bondegård

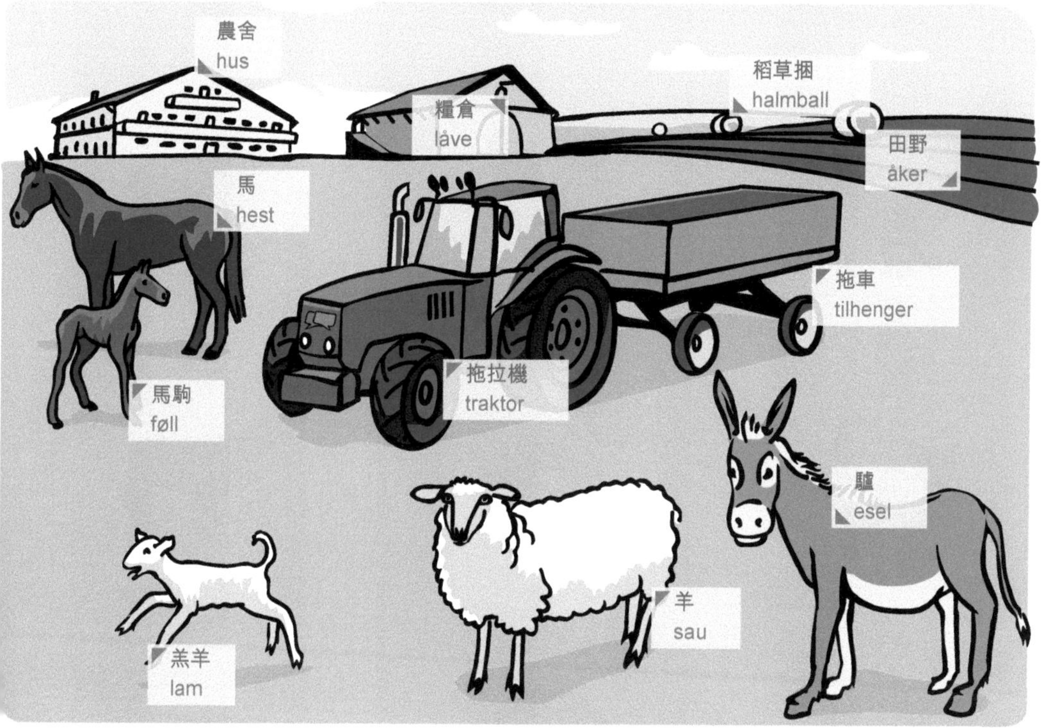

農舍
hus
稻草捆
halmball
糧倉
låve
田野
åker
馬
hest
拖車
tilhenger
拖拉機
traktor
馬駒
føll
驢
esel
羊
sau
羔羊
lam

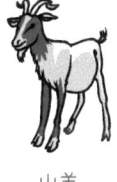

山羊

geit

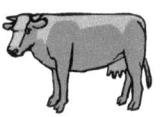

奶牛

ku

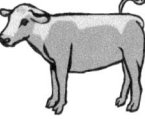

小牛

kalv

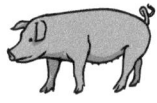

豬

gris

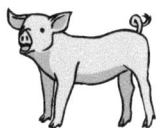

小豬

grisunge

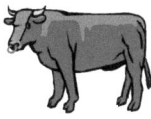

公牛

okse

鵝
gås

鴨
and

小雞
kylling

母雞
høne

公雞
hane

鼠
rotte

貓
katt

老鼠
mus

牛
okse

狗
hund

狗屋
hundehus

花園澆水軟管
hageslange

澆水壺
vannkanne

長柄大鐮刀
ljå

犁
plog

鐮刀

sigd

鋤頭

hakke

長柄草耙

høygaffel

斧頭

øks

獨輪手推車

trillebår

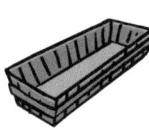

飼料槽

trau

牛奶罐

melkekanne

麻布袋

sekk

柵欄

gjerde

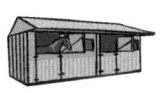

馬廄

fjøs

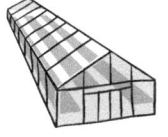

溫室

drivhus

土壤

jord

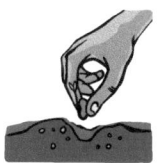

種子

frø

肥料

gjødsel

聯合收割機

skurtresker

收割

høste

收割

innhøsting

地瓜

yams

小麥

hvete

大豆

soja

土豆

potet

玉米

mais

油菜籽

raps

果樹

frukttre

樹薯

kassava

穀物

korn

房子

hus

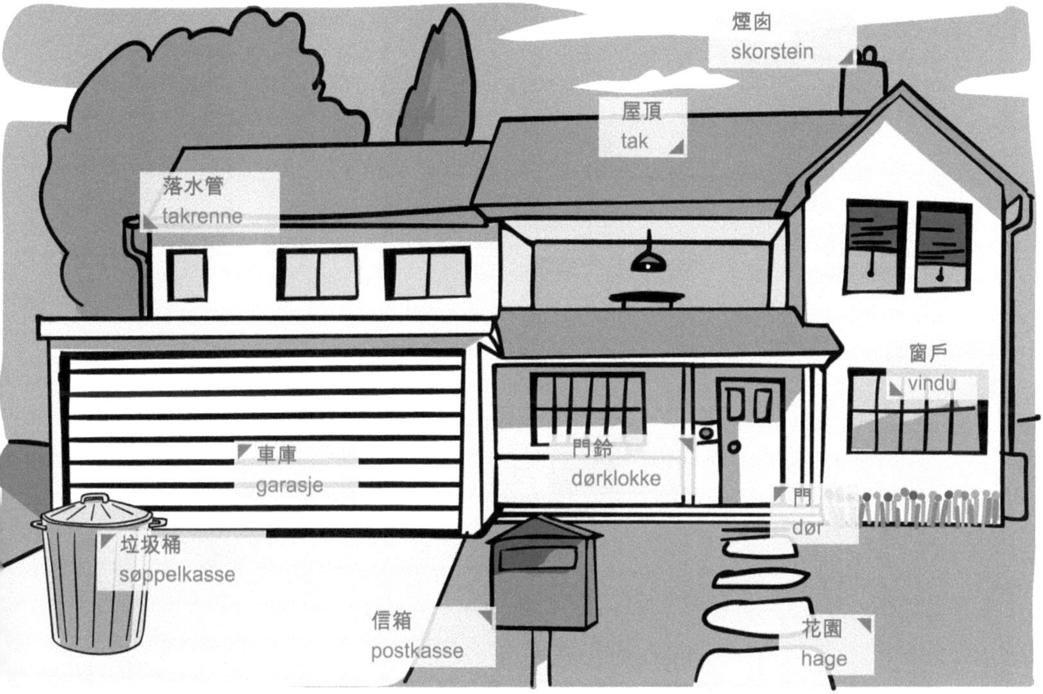

煙囪
skorstein
屋頂
tak
落水管
takrenne
窗戶
vindu
車庫
garasje
門鈴
dørklokke
門
dør
垃圾桶
søppelkasse
信箱
postkasse
花園
hage

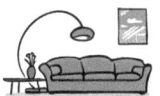

客廳

stue

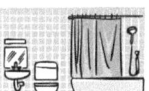

浴室

bad

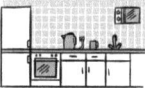

廚房

kjøkken

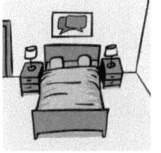

臥室

soverom

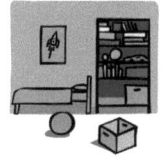

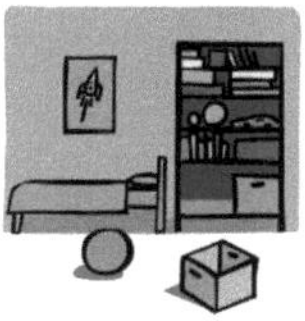

兒童房

barnerom

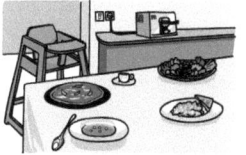

餐廳

spisestue

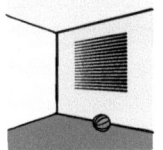

地板

gulv

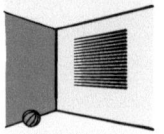

牆壁

vegg

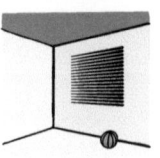

天花板

tak

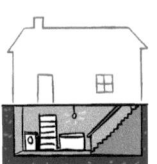

地窖

kjeller

三溫暖

badstue

陽臺

balkong

露臺

terrasse

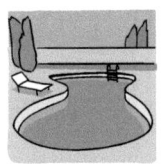

游泳池

svømmebasseng

割草機

gressklipper

被單

laken

床罩

dyne

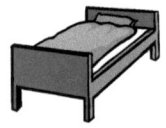

床

seng

掃帚

kost

水桶

bøtte

開關

bryter

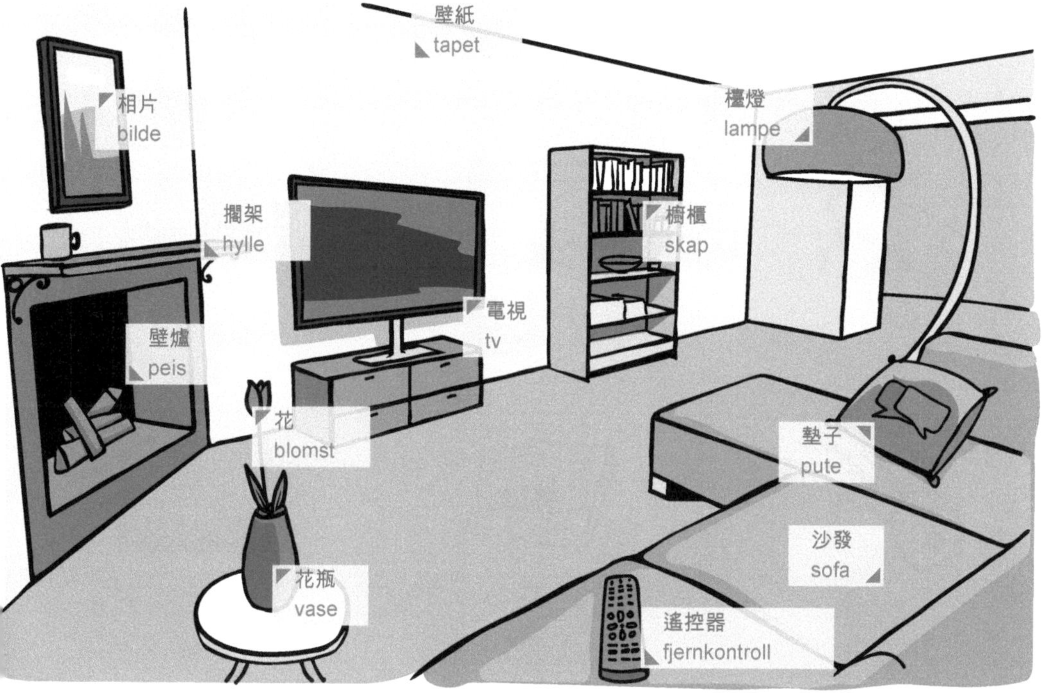

壁紙
tapet

相片
bilde

檯燈
lampe

擱架
hylle

櫥櫃
skap

壁爐
peis

電視
tv

花
blomst

墊子
pute

沙發
sofa

花瓶
vase

遙控器
fjernkontroll

地毯
gulvteppe

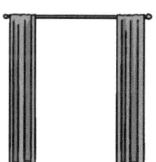

窗簾
gardin

餐桌
bord

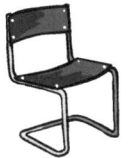

椅子
stol

搖椅
gyngestol

扶手椅
lenestol

書
bok

毯子
teppe

裝飾品
dekorasjon

木柴
ved

電影
film

高傳真音響
stereoanlegg

鑰匙
nøkkel

報紙
avis

油畫
maleri

海報
plakat

收音機
radio

筆記本
notatblokk

吸塵器
støvsuger

仙人掌
kaktus

蠟燭
lys

廚房
kjøkken

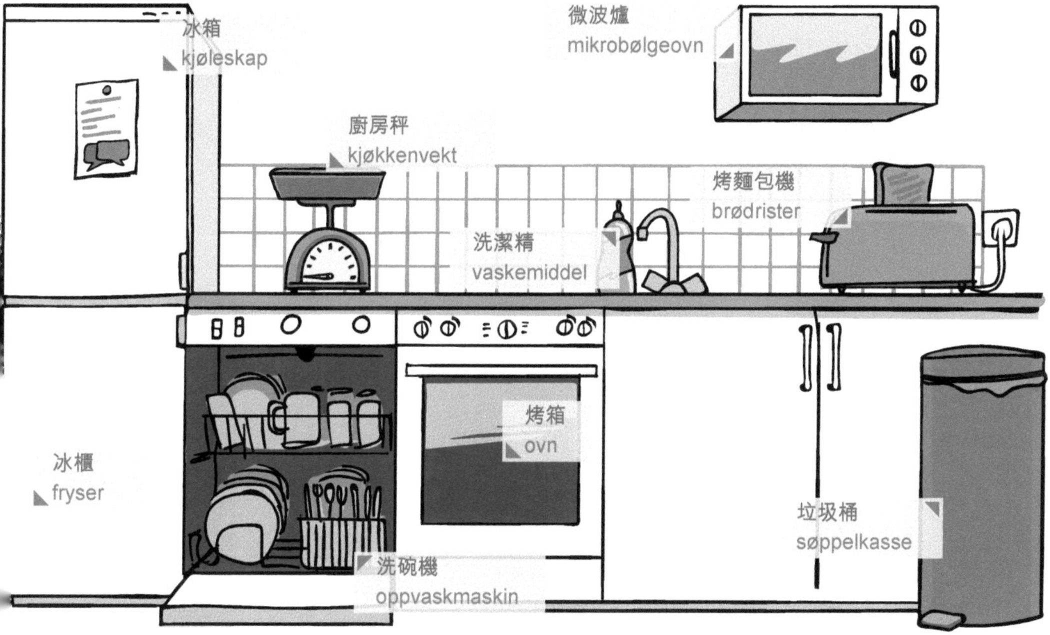
冰箱
kjøleskap
微波爐
mikrobølgeovn
廚房秤
kjøkkenvekt
烤麵包機
brødrister
洗潔精
vaskemiddel
烤箱
ovn
冰櫃
fryser
垃圾桶
søppelkasse
洗碗機
oppvaskmaskin

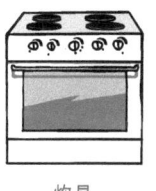

炊具
komfyr

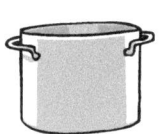

鍋
gryte

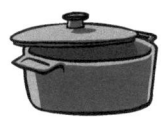

鑄鐵鍋
jerngryte

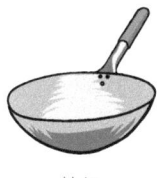

炒鍋
wokpanne

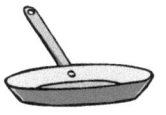

平底鍋
panne

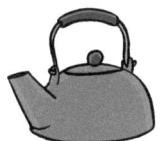

水壺
vannkoker

蒸鍋

dampovn

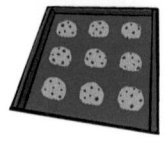

烤盤

stekebrett

陶瓷鍋

servise

馬克杯

krus

碗

bolle

筷子

spisepinner

長柄勺

øse

鏟子

stekespade

攪拌器

visp

濾網

sil

篩子

sil

磨碎機

rivjern

研缽

mørtel

燒烤

grill

明火

bål

菜板

skjærefjøl

擀麵杖

kjevle

開瓶器

korketrekker

罐子

boks

開罐器

boksåpner

隔熱手套

gryteklut

水槽

vask

刷子

børste

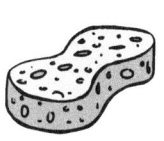

海綿

svamp

攪拌機

blender

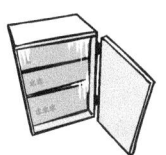

冷藏箱

fryseboks

奶瓶

tåteflaske

水龍頭

kran

供暖裝置
varme

淋浴
dusj

毛巾
håndkle

浴簾
dusjforheng

泡沫浴
skumbad

浴缸
badekar

玻璃杯
glass

洗衣機
vaskemaskin

水龍頭
kran

瓷磚
fliser

便壺
potte

水槽
vask

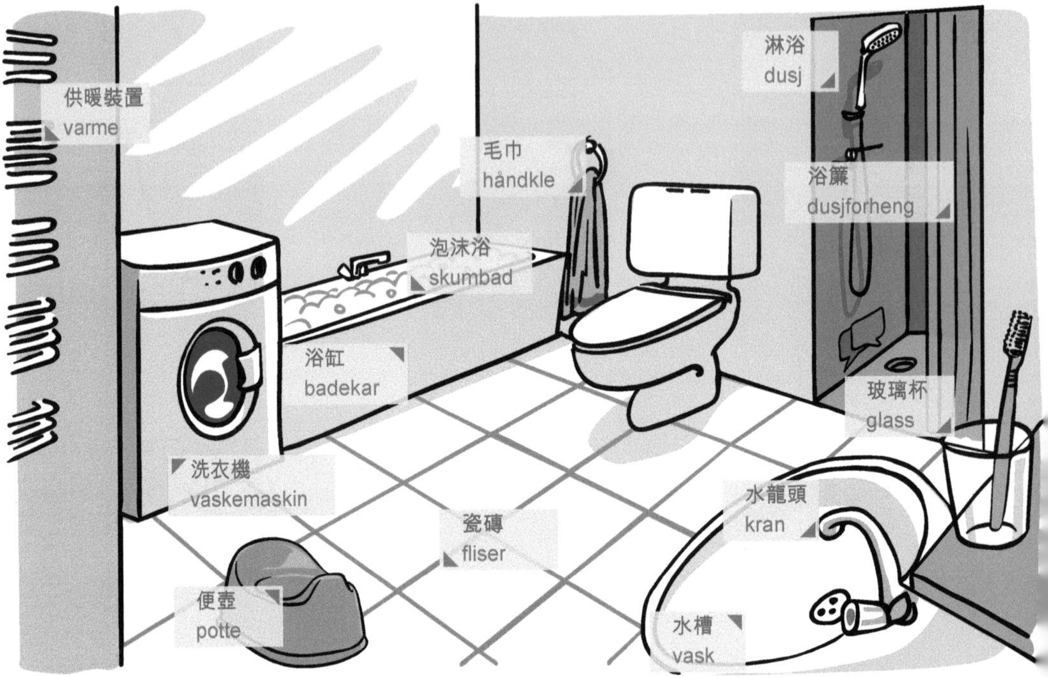

廁所

toalett

蹲便器

ståtoalett

坐浴器

bidet

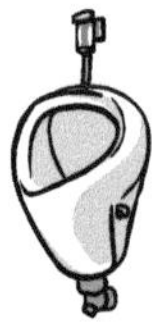

小便斗

pissoar

廁紙

toalettpapir

馬桶刷

toalettbørste

浴室 - bad

牙刷

tannbørste

牙膏

tannkrem

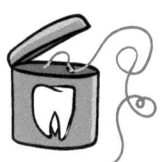

牙線

tanntråd

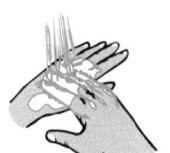

洗

vaske

手持式蓮蓬頭

hånddusj

沖洗器

intimdusj

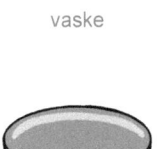

洗臉盆

oppvaskbalje

洗背刷

ryggbørste

肥皂

såpe

沐浴露

dusjsåpe

洗髮乳

sjampo

法蘭絨

vaskeklut

排水

avløp

乳霜

krem

除臭劑

deodorant

鏡子

speil

手鏡

håndspeil

刮鬍刀

barberhøvel

刮鬍泡沫

barberskum

鬍後水

barberingsvann

梳子

kam

刷子

børste

吹風機

hårføner

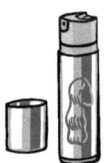

噴髮定型劑

hårspray

化妝品

sminke

唇膏

lebestift

指甲油

neglelakk

化妝棉

bomullsdott

指甲剪

neglesaks

香水

parfyme

洗漱包
toalettmappe

凳子
krakk

計重秤
vekt

浴袍
badekåpe

橡膠手套
gummihansker

衛生棉條
tampong

衛生棉
sanitetsbind

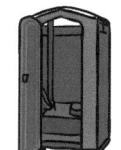

化學廁所
kjemisk toalett

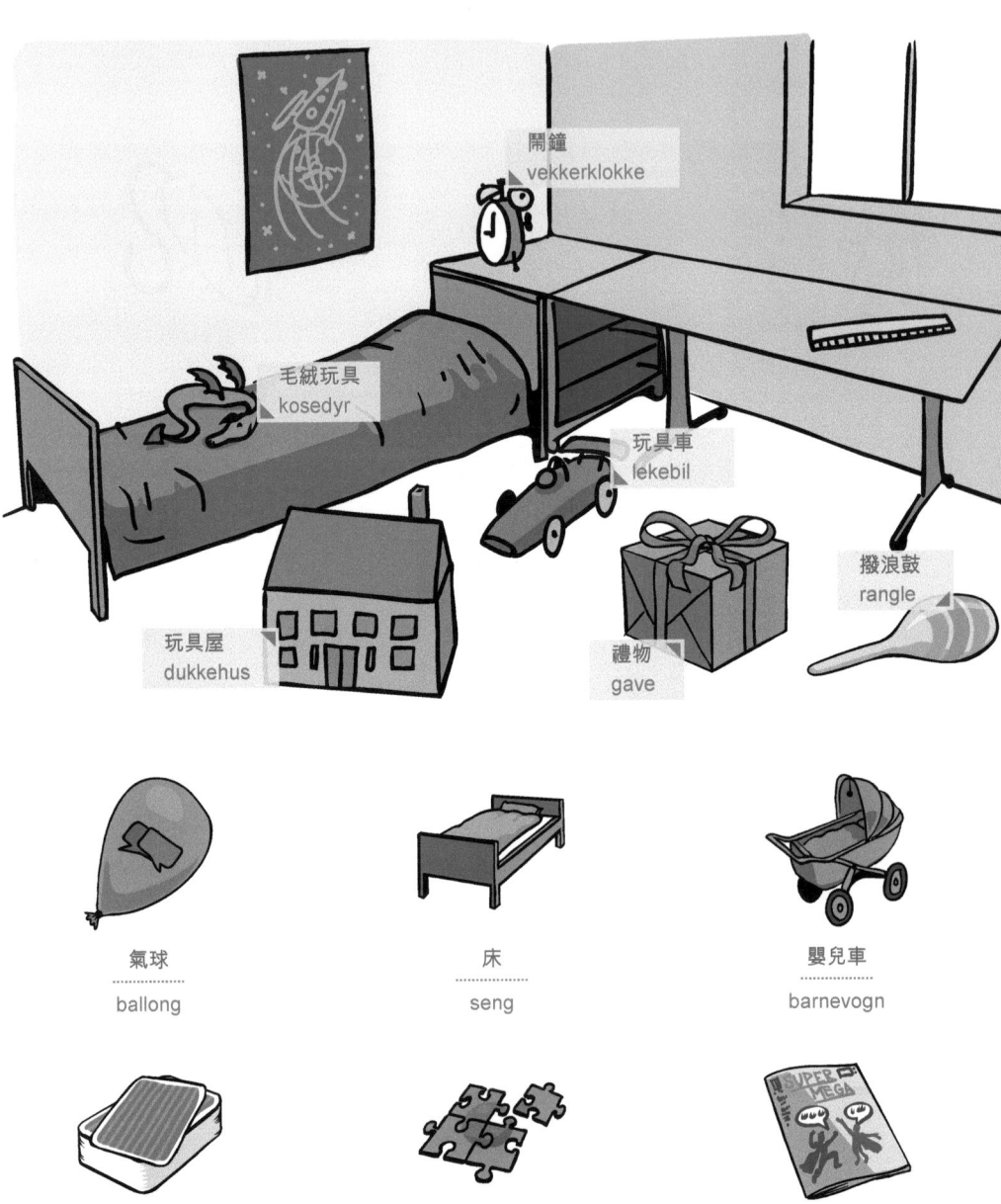

鬧鐘
vekkerklokke

毛絨玩具
kosedyr

玩具車
lekebil

玩具屋
dukkehus

禮物
gave

撥浪鼓
rangle

氣球
ballong

床
seng

嬰兒車
barnevogn

撲克牌
kortstokk

拼圖
puslespill

漫畫
tegneserie

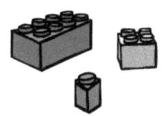

樂高積木

lego klosser

積木玩具

byggeklosser

公仔

actionfigur

嬰兒服

sparkebukse

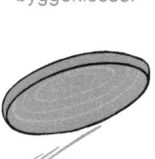

飛盤

frisbee

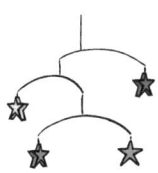

床鈴玩具

uro

棋盤遊戲

brettspill

骰子

terning

火車模型

togbane

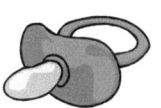

安撫奶嘴

smokk

派對

fest

繪本

bildebok

球

ball

洋娃娃

dukke

玩

leke

沙坑
sandkasse

鞦韆
gynge

玩具
leketøy

電玩遊戲
spillekonsoll

三輪車
trehjulssykkel

泰迪熊
bamse

衣櫃
garderobeskap

衣服
klær

襪子
sokker

長襪
strømper

緊身褲
strømpebukse

▶圍巾
skjerf

皮帶
belte

雨傘
paraply

T恤
t-skjorte

靴子
støvler

拖鞋
tøfler

運動鞋
sneakers

涼鞋
sandaler

鞋
sko

雨靴
gummistøvler

內褲
underbukse

胸罩
BH

背心
undertrøye

身體

body

褲子

bukse

牛仔褲

dongeribukse

短裙

skjørt

女式襯衫

bluse

襯衫

skjorte

套頭衫

genser

連帽上衣

hettegenser

西裝夾克

dressjakke

夾克

jakke

外套

kåpe

雨衣

regnjakke

套裝

drakt

連衣裙

kjole

婚紗

brudekjole

西裝
dress

睡袍
nattkjole

睡衣
pyjamas

莎麗
sari

頭巾
skaut

包頭巾
turban

波卡
burka

卡夫坦
kaftan

(阿拉伯式)長袍
abaya

泳衣
badedrakt

男式泳褲
badebukse

短褲
shorts

運動服
treningsklær

圍裙
forkle

手套
handske

鈕扣

knapp

眼鏡

brille

手鏈

armbånd

項鍊

kjede

戒指

ring

耳環

øredobb

便帽

lue

衣架

kleshenger

帽子

hatt

領帶

slips

拉鍊

glidelås

安全帽

hjelm

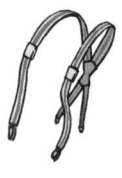

背帶

bukseseler

校服

skoleuniform

制服

uniform

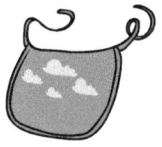

圍兜

smekke

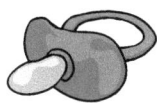

安撫奶嘴

smokk

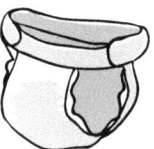

尿布

bleie

辦公室
kontor

伺服器
server
檔案櫃
arkivskap
印表機
skriver
紙
papir
螢幕
skjerm
辦公桌
pult
滑鼠
mus
資料夾
perm
鍵盤
tastatur
椅子
stol
廢紙簍
papirkurv
電腦
datamaskin

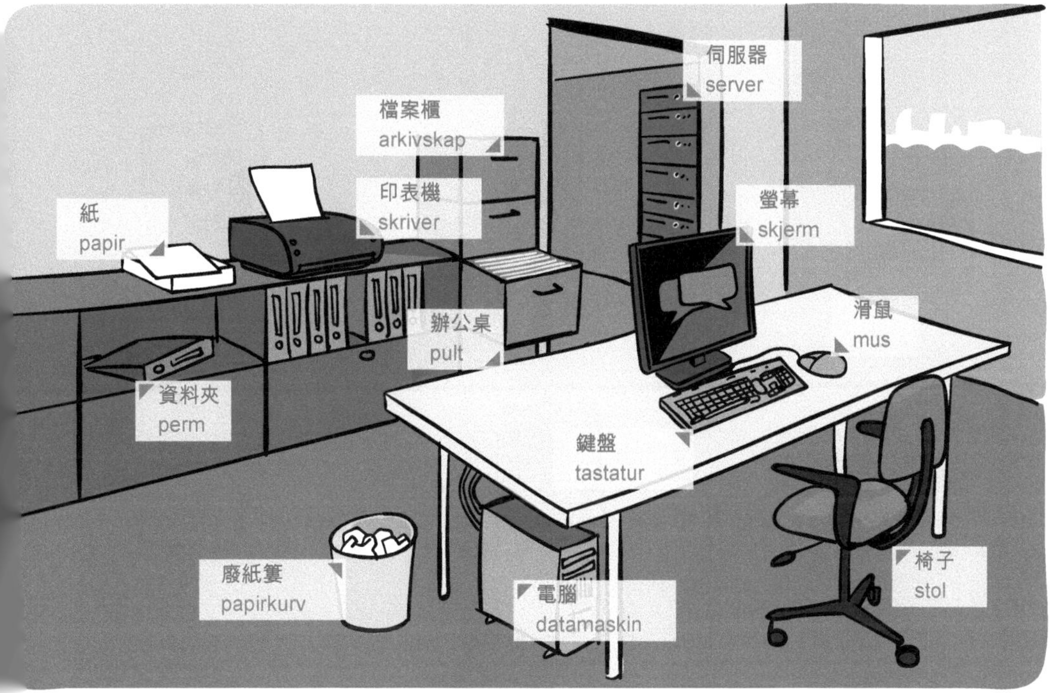

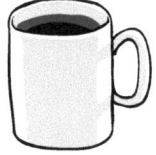

咖啡杯

kaffekopp

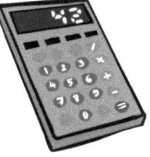

計算機

kalkulator

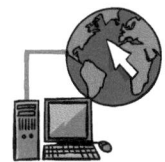

網際網路

internett

筆記型電腦
bærbar pc

信件
brev

簡訊
beskjed

行動電話
mobiltelefon

網路
nettverk

影印機
kopimaskin

軟體
programvare

電話
telefon

插座
stikkontakt

傳真機
faksmaskin

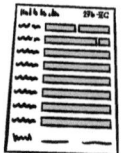

表格
skjema

檔案
dokument

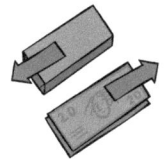

買
kjøpe

付錢
betale

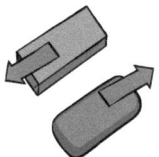

交易
handle

現金
penger

美元
dollar

歐元
euro

日元
yen

盧布
rubel

瑞士法郎
sveitserfranc

人民幣
renminbi

盧比
rupi

提款處
minibank

外幣兌換處
vekslingskontor

金
gull

銀
sølv

石油
olje

能源
energi

價格
pris

合約
kontrakt

稅金
avgift

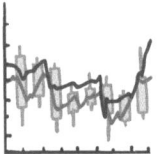

股票
aksje

工作
jobbe

職員
ansatt

老闆
arbeitsgiver

工廠
fabrikk

商店
butikk

職業

yrker

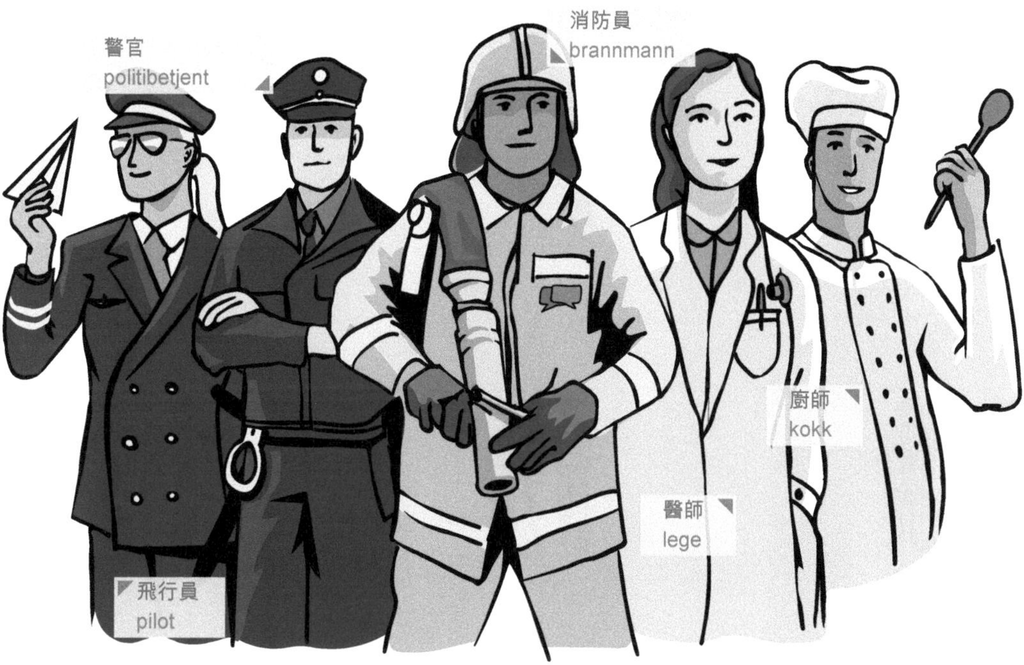
警官
politibetjent
消防員
brannmann
廚師
kokk
醫師
lege
飛行員
pilot

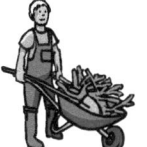

園丁

gartner

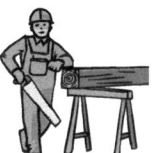

木匠

snekker

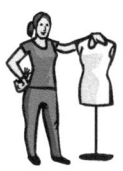

裁縫

syerske

法官

dommer

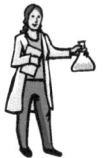

化學家

kjemiker

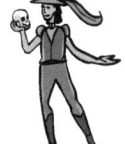

演員

skuespiller

公車司機

bussjáfør

計程車司機

taxisjáfør

漁夫

fisker

清洗女工

vaskedame

屋頂工

taktekker

服務生

kelner

獵人

jeger

畫家

maler

麵包師

baker

電工

elektriker

建築工人

bygningsarbeider

工程師

ingeniør

屠夫

slakter

水管工

rørlegger

郵差

postbud

士兵

soldat

建築師

arkitekt

收銀員

kasserer

花農

blomsterhandler

理髮師

frisør

售票員

konduktør

機械技師

mekaniker

船長

kaptein

牙醫

tannlege

科學家

forsker

拉比

rabbi

伊瑪目

imam

和尚

munk

牧師

prest

工具

verktøy

鐵錘
hammer
鉗子
tang
螺絲起子
skrujern
扳手
skiftenøkkel
手電筒
lommelykt

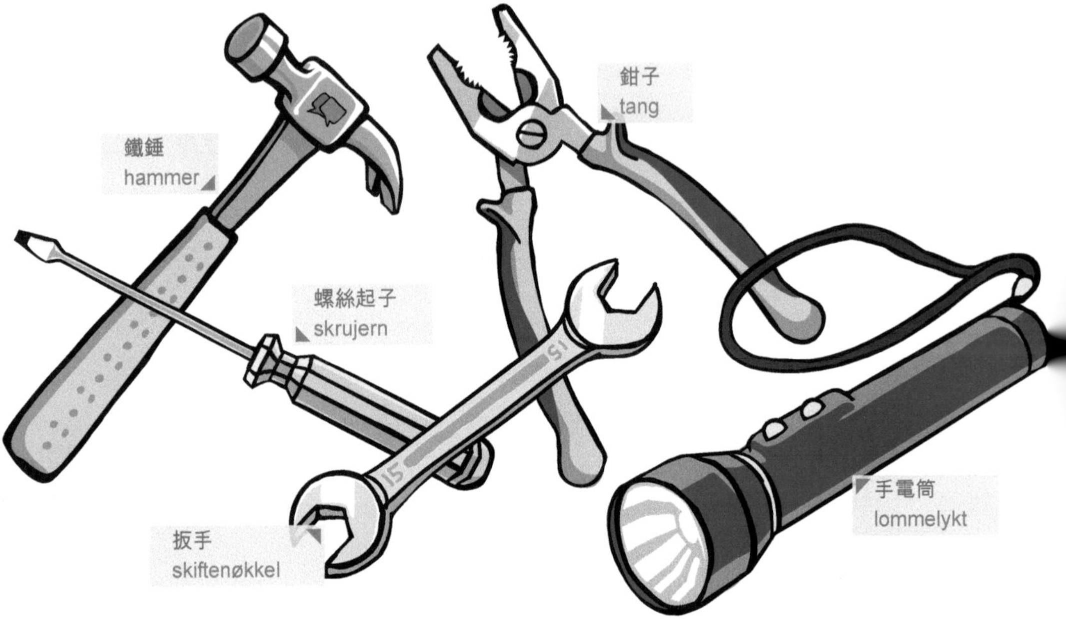

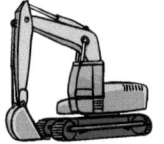

挖掘機
gravemaskin

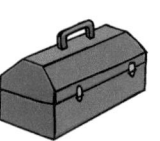

工具箱
verktøykasse

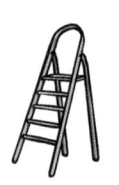

梯子
stige

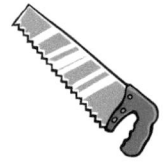

鋸子
sag

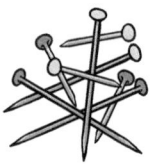

釘子
spiker

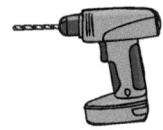

鑽機
bor

修
reparere

鏟子
spade

糟糕！
Søren!

畚箕
feiebrett

油漆桶
malingsspann

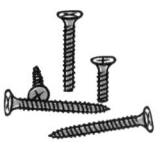

螺絲
skruer

樂器

musikkinstrument

揚聲器
høyttaler

打擊樂器
trommesett ◢

吉他
gitar ◢

低音提琴
kontrabass

小號
trompet

鋼琴

piano

小提琴

fiolin

貝斯

bass

定音鼓

pauke

鼓

trommer

電子琴

keyboard

薩克斯風

saksofon

長笛

fløyte

麥克風

mikrofon

動物園

dyrehage

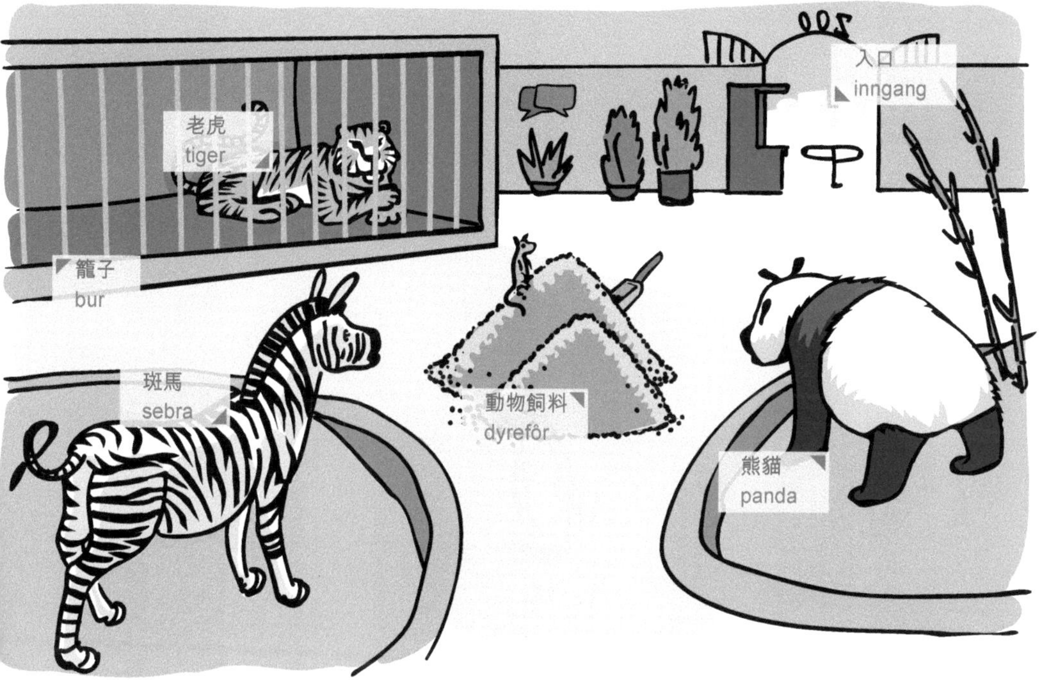

入口
inngang
老虎
tiger
籠子
bur
斑馬
sebra
動物飼料
dyrefôr
熊貓
panda

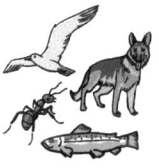

動物

dyr

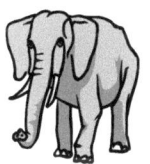

大象

elefant

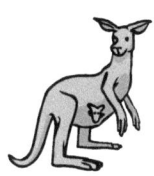

袋鼠

kenguru

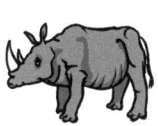

犀牛

neshorn

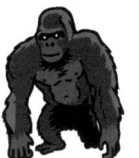

大猩猩

gorilla

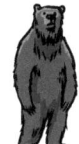

熊

bjørn

駱駝

kamel

鴕鳥

struts

獅子

løve

猴子

ape

紅鶴

flamingo

鸚鵡

papegøye

北極熊

isbjørn

企鵝

pingvin

鯊魚

hai

孔雀

påfugl

蛇

slange

鱷魚

krokodille

動物園管理員

dyrepasser

海豹

sel

美洲豹

jaguar

矮種馬

ponni

豹

leopard

河馬

flodhest

長頸鹿

giraff

老鷹

ørn

野豬

villsvin

魚

fisk

龜

skilpadde

海象

hvalross

狐狸

rev

羚羊

gaselle

橄欖球
amerikansk fotball

騎腳踏車
sykling

網球
tennis

籃球
basketball

游泳
svømming

拳擊
boksing

冰球
ishockey

美式足球
fotball

羽毛球
badminton

田徑
friidrett

手球
håndball

滑雪
stå på ski

馬球
polo

跳
hoppe

擁抱
klemme

笑
le

走路
ga

唱
synge

祈禱
be

親吻
kysse

做夢
drømme

書寫
skrive

畫
tegne

展示
vise

推
trykke

給
gi

拿
ta

有
ha

做
gjøre

當
være

站
stå

跑
løpe

拉
dra

丢
kaste

摔倒
falle

躺
ligge

等待
vente

攜帶
bære

坐
sitte

穿衣
kle på

睡覺
sove

醒來
våkne

看

se på

哭

gråte

擊

stryke

梳頭

gre

交談

snakke

明白

forstå

問

spørre

聽

høre

喝

drikke

吃

spise

清理

rydde

愛

elske

做飯

lage mat

開車

kjøre

飛

fly

航行

seile

計算

regne

讀

lese

學習

lære

工作

jobbe

結婚

gifte seg

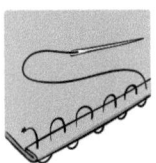

縫

sy

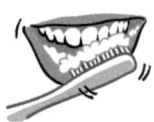

刷牙

pusse tenner

殺

drepe

抽菸

røyke

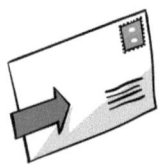

寄

sende

祖母
bestemor

祖父
bestefar

父親
far

母親
mor

嬰兒
baby

女兒
datter

兒子
sønn

客人

gjest

阿姨

tante

叔叔

onkel

兄弟

bror

姐妹

søster

身體

kropp

前額
panne
眼睛
øye
肩膀
skulder
手指
finger
臉
fjes
下巴
hake
手
hånd
腿
ben
乳房
bryst
手臂
arm

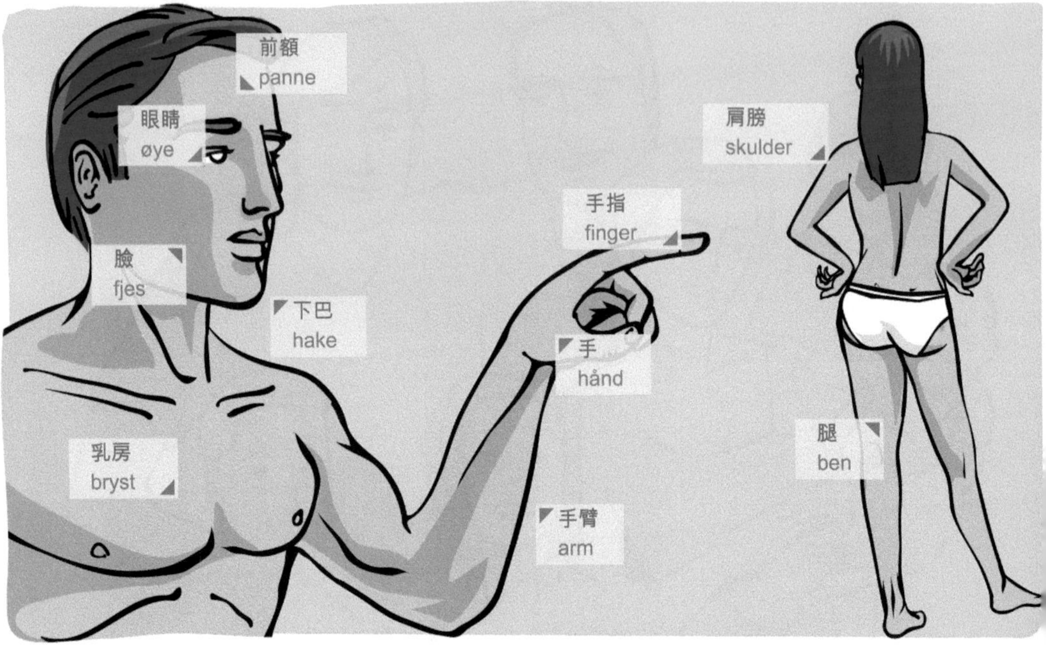

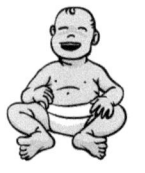

嬰兒

baby

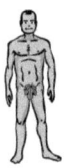

男人

mann

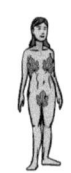

女人

kvinne

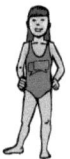

女孩

jente

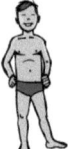

男孩

gutt

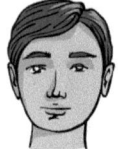

頭

hode

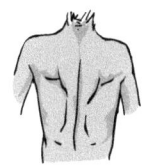

背部

rygg

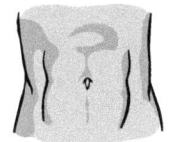

肚子

mage

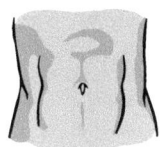

肚臍

navle

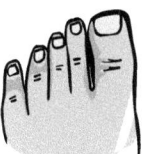

腳趾

tå

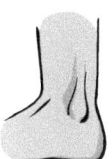

腳後跟

hæl

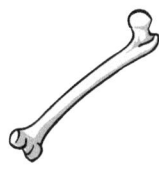

骨頭

bein

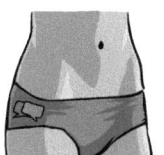

臀部

hofte

膝蓋

kne

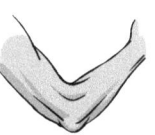

手肘

albue

鼻子

nese

屁股

rumpe

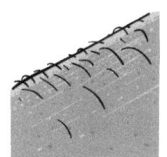

皮膚

hud

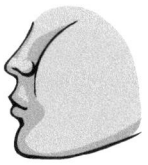

臉頰

kinn

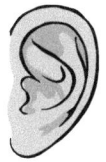

耳朵

øre

嘴唇

leppe

身體 - kropp

嘴

munn

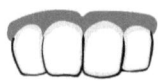

牙齒

tann

舌頭

tunge

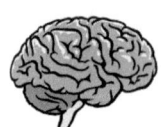

腦

hjerne

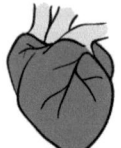

心臟

hjerte

肌肉

muskel

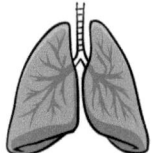

肺

lunge

肝臟

lever

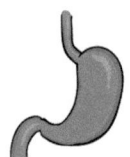

胃

magesekk

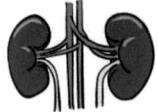

腎臟

nyrer

性交

samleie

保險套

kondom

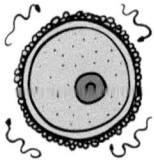

卵子

eggcelle

精子

sæd

懷孕

graviditet

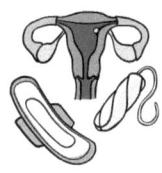

月事

menstruasjon

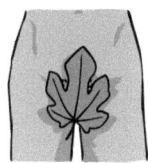

陰道

vagina

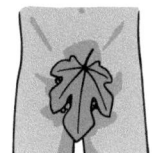

陰莖

penis

眉毛

øyenbryn

頭髮

hår

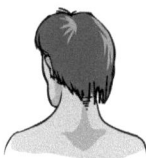

脖子

hals

醫院

sykehus

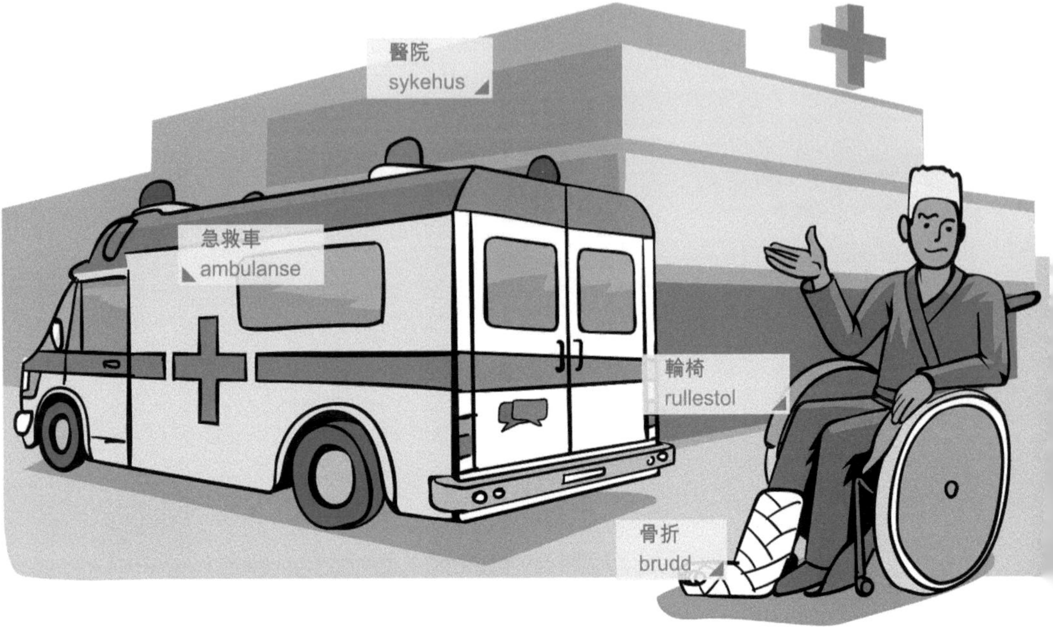

醫院
sykehus
急救車
ambulanse
輪椅
rullestol
骨折
brudd

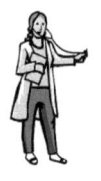

醫師

lege

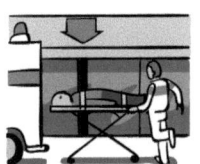

急診室

akuttmottak

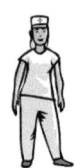

護理師

sykepleier

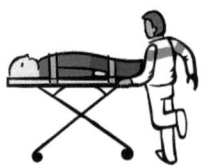

緊急情形

nødsituasjon

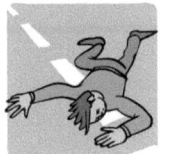

昏迷

bevisstløs

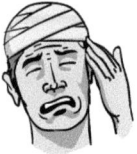

痛

smerte

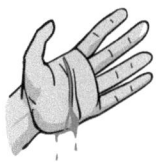

受傷

skade

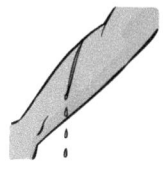

出血

blødning

心臟病發作

hjerteinfarkt

中風

hjerneslag

過敏

allergi

咳嗽

hoste

發燒

feber

流感

influensa

腹瀉

diaré

頭痛

hodepine

癌症

kreft

糖尿病

diabetes

外科醫師

kirurg

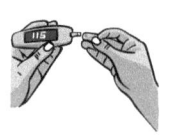

手術刀

skalpell

手術

operasjon

醫院 - sykehus

73

電腦斷層掃描

CT

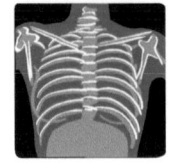

X光

røntgen

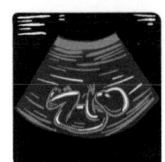

超音波

ultralyd

口罩

ansiktsmaske

疾病

sykdom

候診室

venterom

拐杖

krykke

石膏

plaster

繃帶

bandasje

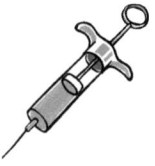

注射

injeksjon

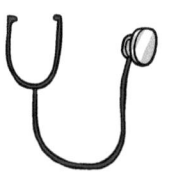

聽診器

stetoskop

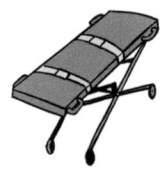

擔架

båre

體溫計

klinisk termometer

出生

fødsel

超重

overvekt

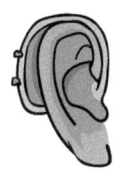

助聽器

høreapparat

消毒液

desinfeksjonsmiddel

感染

infeksjon

病毒

virus

愛滋病

HIV/AIDS

藥物

medisin

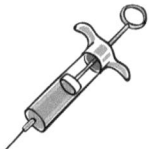

接種疫苗

vaksinasjon

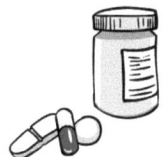

藥片

tabletter

藥丸

pille

急救電話

nødanrop

血壓計

blodtrykksmåler

生病/健康

syk / frisk

救命！

Hjelp!

警報

alarm

突擊

overfall

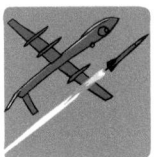

攻擊

angrep

危險

fare

緊急出口

nødutgang

失火了！

Brann!

滅火器

brannslukker

意外

ulykke

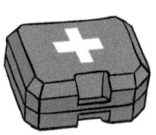

急救箱

førstehjelpsskrin

呼救訊號

SOS

員警

politi

歐洲

Europa

北美洲

Nord-Amerika

南美洲

Sør-Amerika

非洲

Afrika

亞洲

Asia

澳洲

Australia

大西洋

Atlanterhavet

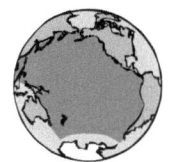

太平洋

Stillehavet

印度洋

Det indiske hav

南冰洋

Sørishavet

北冰洋

Nordishavet

北極

Nordpolen

南極

Sydpolen

南極洲

Antarktis

地球

jorden

陸地

land

海

sjø

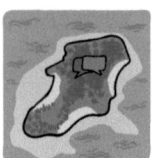

島

øy

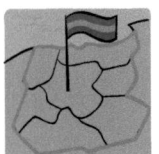

國家

nasjon

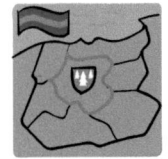

州

stat

錶盤

urskive

時針

timeviser

分針

minuttviser

秒針

sekundviser

現在幾點？

Hva er klokken?

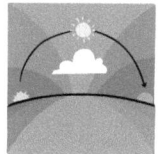

天

dag

時間

tid

現在

nå

電子錶

digitalklokke

分

minutt

時

time

uke

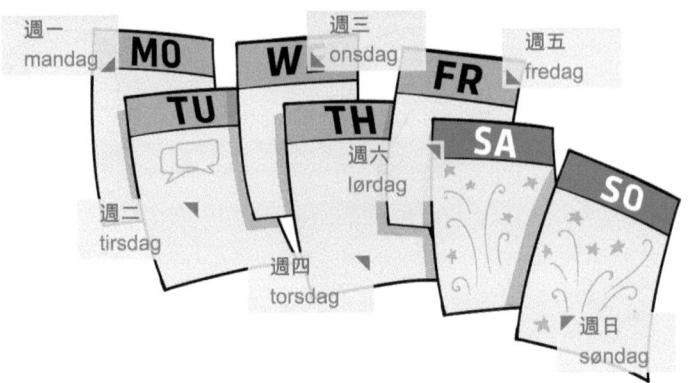

週一 mandag
週二 tirsdag
週三 onsdag
週四 torsdag
週五 fredag
週六 lørdag
週日 søndag

昨天

i går

今天

i dag

明天

i morgen

早晨

morgen

中午

middag

晚上

kveld

工作日

arbeidsdag

週末

helg

雨
regn

彩虹
regnbue

雪
snø

風
vind

春
vår

秋
høst

夏
sommer

冬
vinter

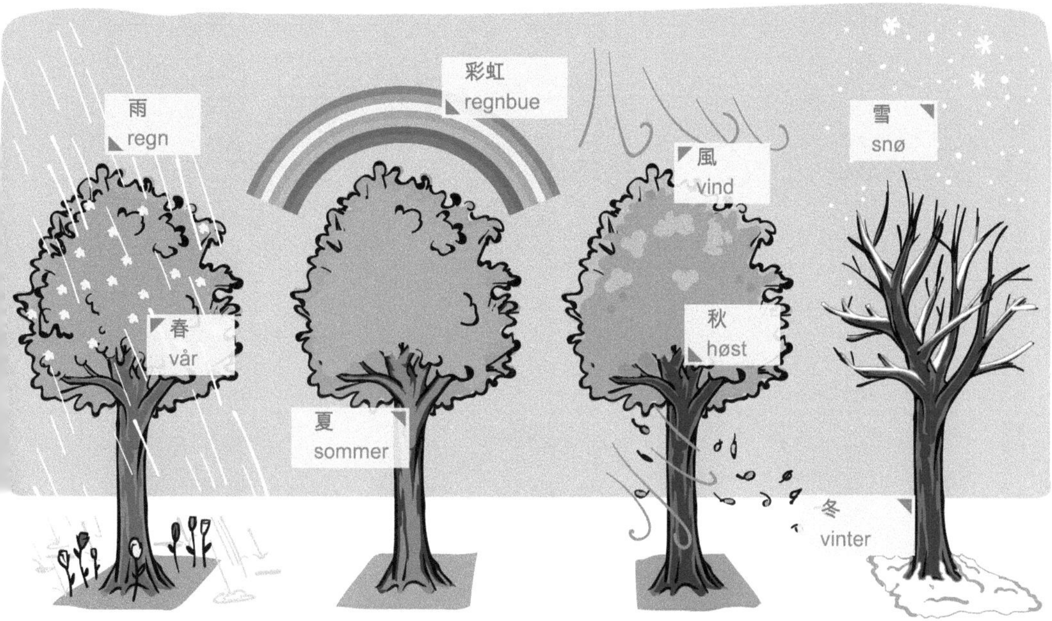

天氣預告

værmelding

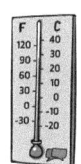

溫度計

termometer

陽光

solskinn

雲

sky

霧

tåke

潮濕

luftfuktighet

閃電
lyn

打雷
torden

風暴
storm

冰雹
hagl

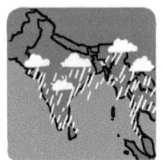

季風
monsun

洪水
oversvømmelse

冰
is

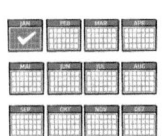

一月
januar

二月
februar

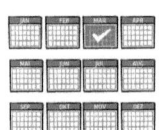

三月
mars

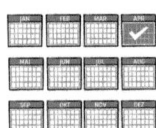

四月
april

五月
mai

六月
juni

七月
juli

八月
august

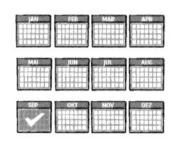

九月
....
september

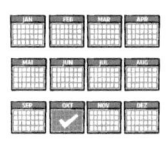

十月
....
oktober

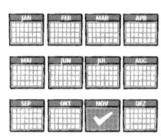

十一月
....
november

十二月
....
desember

形狀
former

圓形
....
sirkel

正方形
....
kvadrat

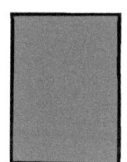

長方形
....
rektangel

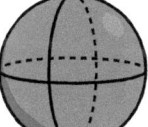

三角形
....
triangel

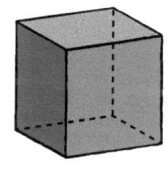

球體
....
kule

立方體
....
kube

白

hvit

黃

gul

橙

oransj

粉

rosa

紅

rød

紫

lilla

藍

blå

綠

grønn

棕

brun

灰

grå

黑

svart

motsetninger

很多/少許

mye / lite

生氣/平靜

sint / rolig

美/醜

pen / stygg

首/尾

start / slutt

大/小

stor / liten

明/暗

lys / mørk

兄弟/姐妹

bror / søster

乾淨/骯髒

ren / skitten

完整/缺失

fullstendig / ufullstendig

白天/晚上

dag / natt

死/生

død / levende

寬/窄

bred / smal

可食用/非食用

spiselig / uspiselig

邪惡/善良

ond / snill

興奮/無聊

begeistret / lei

胖/瘦

tykk / tynn

第一/最後

først / sist

朋友/敵人

venn / fiende

滿/空

full / tom

硬/軟

hard / myk

重/輕

tung / lett

餓/渴

sulten / tørst

生病/健康

syk / frisk

非法/合法

ulovlig / lovlig

聰明/愚笨

intelligent / dum

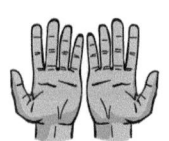

左/右

venstre / høyre

近/遠

nære / langt unna

新/舊

ny / brukt

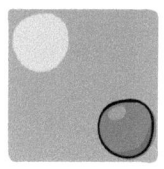

沒有/有些

ingenting / noe

老/幼

gammel / ung

開/關

på / av

打開/闔上

åpen / stengt

安靜/吵鬧

lavt / høyt

富/窮

rik / fattig

對/錯

riktig / feil

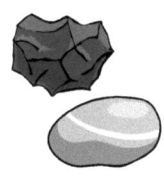

粗糙/光滑

ru / glatt

傷心/高興

trist / glad

短/長

kort / lang

慢/快

langsom / rask

濕/乾

vått / tørt

溫暖/涼爽

varm / lunken

戰爭/和平

krig / fred

tall

0

零
....
null

1

一
....
en

2

二
....
to

3

三
....
tre

4

四
....
fire

5

五
....
fem

6

六
....
seks

7

七
....
sju

8

八
....
åtte

9

九
....
ni

10

十
....
ti

11

十一
....
elleve

12
十二
tolv

13
十三
tretten

14
十四
fjorten

15
十五
femten

16
十六
seksten

17
十七
sytten

18
十八
atten

19
十九
nitten

20
二十
tjue

100
百
hundre

1.000
千
tusen

1.000.000
百萬
million

語言

språk

英語
engelsk

美式英語
amerikansk engelsk

普通話
mandarin

印地語
hindi

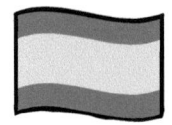

西班牙語
spansk

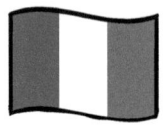

法語
fransk

阿拉伯語
arabisk

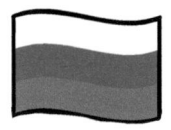

俄語
russisk

葡萄牙語
portugisisk

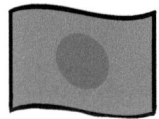

孟加拉語
bengali

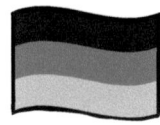

德語
tysk

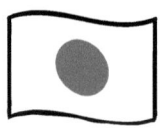

日語
japansk

我
jeg

你
du

他/她/它
han / hun / det

我們
vi

你們
dere

他們
de

誰？
hvem?

什麼？
hva?

如何？
hvordan?

何處？
hvor?

何時？
når?

名字
navn

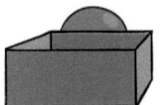

後面

bakom

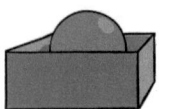

裡面

i

前面

foran

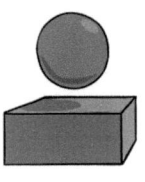

上方

over

上面

på

下麵

under

旁邊

ved siden av

中間

mellom

地點

sted